DR. JOSEPH MURPHY

Mit der Kraft Ihres Unterbewusstseins den Wohlstand anziehen

Dr. Joseph

Murphy

Mit der Kraft Ihres Unterbewusstseins den Wohlstand anziehen

Aus dem Amerikanischen
von Isabel Lamberty-Klaas

ARISTON

Die amerikanische Originalausgabe erschien 2021 unter dem Titel
Attract Wealth bei Hampton Roads Publishing Company.

Sollte diese Publikation Links auf Webseiten Dritter enthalten, so übernehmen wir für deren Inhalte keine Haftung, da wir uns diese nicht zu eigen machen, sondern lediglich auf deren Stand zum Zeitpunkt der Erstveröffentlichung verweisen.

Bibliografische Information der Deutschen Bibliothek

Die Deutsche Bibliothek verzeichnet diese Publikation in der Deutschen Nationalbibliografie; detaillierte bibliografische Daten sind im Internet unter www.dnb.de abrufbar.

MIX
Papier | Fördert gute Waldnutzung
FSC® C004378

Penguin Random House Verlagsgruppe FSC® N001967

1. Auflage

Based on material from The Power of Your Unconscious Mind
by Joseph Murphy

Umschlaggestaltung: Nele Schütz Design
Illustrationen: Isabel Klett
Satz: Satzwerk Huber, Germering
Druck und Bindung: PBtisk, a.s., PŘÍBRAM
Printed in Czech Republic

ISBN: 978-3-424-20273-1

Inhalt

Vorwort

In dunklen und unruhigen Zeiten brauchen wir ein Licht, das durch die Dunkelheit scheint und uns den Weg weist. Wenn wir uns hilflos fühlen und Kräften ausgeliefert scheinen, die sich unserer Kontrolle entziehen, wenn wir an unserer Fähigkeit zweifeln, auch nur unsere Grundbedürfnisse zu befriedigen, müssen wir uns daran erinnern, dass in uns Licht ist. Und wenn wir glauben, dass die einzige Möglichkeit, unsere Bedürfnisse zu befriedigen, darin besteht, mehr Geld zu verdienen, was immer schwieriger zu werden scheint, dann brauchen wir ein Buch wie dieses, um uns aus dem hypnotischen Bann der Angst und des Mangels zu befreien.

Dieses Buch erinnert uns an unsere wahre Quelle des Reichtums und des Überflusses. Das Reich Gottes ist in uns. In guten und in schlechten Zeiten, selbst in den düstersten aller Tage ist das Reich Gottes immer in uns. Die Zeiten ändern nichts an dieser Tatsache. Und das ist unsere Rettung.

Joseph Murphy war einer der wichtigsten Neugeist-Lehrer des 20. Jahrhunderts. Er schrieb, lehrte und hielt zahlreiche Vorträge über Bewusstsein und Wohlstand.

Seine Worte erinnern uns daran, dass es nur eine Unsichtbare Quelle gibt, aus der alle Dinge hervorgehen. Die Welt um Sie herum – die Pflanzen, Tiere, Planeten und sogar die Galaxien –, alles ist aus dieser unsichtbaren Quelle erwachsen. Das Universum entstand in einem einzigen Urknall aus dieser geheimnisvollen unsichtbaren Quelle. Auch Sie wurden aus dieser Quelle geboren. Das, liebe Freundinnen und Freunde, ist das Königreich. Die Macht des Lebens. Und sie ist in Ihnen. Und sie drückt sich durch Sie, als Sie und für Sie aus.

Diese geheimnisvolle Quelle gibt von sich aus, im Übermaß und in Einklang mit Ihrem freien Willen. Bitten Sie und es wird Ihnen gegeben werden, suchen Sie und Sie werden finden, klopfen Sie an und die Tür wird Ihnen geöffnet werden.

Was immer unser Geist und unsere Gefühle bewusst oder unbewusst beinhalten, wird von unserer inneren Quelle automatisch geformt und zum Leben erweckt. So fungiert unsere physische Realität als Spiegel unseres Bewusstseins – ein perfektes Prinzip, das es uns ermöglicht, uns selbst wirklich zu erkennen.

Die Welt hat uns über Jahrtausende hinweg gelehrt, uns von unserem Wahren Selbst abzuwenden, unsere eigene göttliche Schöpfungskraft zu vergessen, uns lediglich als Kreaturen aus Fleisch und Knochen, als mechanische Wesen zu betrachten – und nichts mehr als das. Wir wurden darauf programmiert, uns selbst als unbedeutende Geschöpfe anzusehen, die zufälligen äußeren Kräften ausgeliefert sind, und zu glauben, dass unser Wohlstand von diesen äußeren Kräften abhinge.

Menschen, die sich ihrer eigenen spirituellen Kräfte nicht bewusst sind, unterliegen einer Denkweise des Mangels und der Begrenzung. Sie fallen ihren Ängsten, ihren konditionierten und einschränkenden Gedanken und Emotionen, der Massenunbewusstheit zum Opfer. Der Mensch, der die Verbindung zu der Quelle erwecken kann, wird zu einem bewussten Schöpfer, der nicht den Ängsten der Welt zum Opfer fällt und der in der Lage ist, nicht nur seine Grundbedürfnisse zu befriedigen, sondern auch seine Träume zu erfüllen.

Betrachten Sie die Welt um sich herum. Nehmen Sie wahr, wie die Natur – das Leben – im Überfluss vorhanden ist, ausschweifend, sogar verschwenderisch. Schauen Sie einfach hin. Die Quelle kümmert sich um alles, mit unendlicher Intelligenz. Dasselbe gilt für Sie. Wohlstand ist eine elementare Eigenschaft der Quelle, er ist ein unveräußerlicher Aspekt Ihrer wahren Natur.

Menschen, die sich ihrer eigenen geistigen Kräfte nicht bewusst sind, unterliegen einer Denkweise des Mangels und der Begrenzung.

Es ist an der Zeit, den Glauben aufzugeben, dass Überfluss nur dann entsteht, wenn wir körperlich hart für unser Geld arbeiten, dass wir der Gnade einer unsicheren Wirtschaft oder eines Geldsystems ausgeliefert sind. Es ist an der Zeit zu erkennen, dass die Quelle immer bei Ihnen war, Ihnen das Leben geschenkt hat, Sie erhalten und versorgt hat. Wenn Sie sich immer bewusster der Quelle zu- und von der Angst abwenden, wird Ihre Fähigkeit, schöpferisch und uneingeschränkt zu denken, unendlich wachsen – als Zeugnis des unendlichen Wesens, das Sie in Wirklichkeit sind.

Mit der Kraft Ihres Unterbewusstseins den Wohlstand anziehen wird Ihnen helfen, Ihre unterbewusste geistige Fehleinstellung zur Armut abzulegen und Zugang zu den unendlichen Reichtümern in Ihrem Inneren zu finden, indem Sie Ihren Geist und Ihre Emotionen mit Ihrem göttlichen Erbe in Einklang bringen. Übernehmen Sie die Kontrolle über Ihr Leben. Beanspruchen Sie Ihr Recht, reich zu sein! Viel Spaß mit diesem kleinen Buch.

David Cameron Gikandi,
Autor von *A Happy Pocketful of Money*

Einführung

Warum ist der eine Mensch traurig und der andere glücklich? Warum ist der eine fröhlich und wohlhabend und der andere arm und unglücklich? Warum ist der eine furchtsam und ängstlich und der andere voller Glauben und Zuversicht? Warum hat der eine ein wunderschönes, luxuriöses Haus, während der andere ein karges Dasein in ärmlichen Verhältnissen fristet? Warum hat der eine großen Erfolg, und der andere erleidet einen jämmerlichen Fehlschlag nach dem anderen? Warum ist jemand ein Genie im Beruf oder bei der Arbeit, während ein anderer sein ganzes Leben lang schuftet, ohne etwas Sinnvolles zu tun oder zu erreichen? Warum erleiden so viele gute, freundliche, religiöse Menschen geistige und körperliche Höllenqualen? Warum haben so viele unmoralische und gottlose Menschen Erfolg und Wohlstand und genießen Überfluss und Reichtum? Geben die Mechanismen Ihres Bewusstseins und Unterbewusstseins eine Antwort auf diese Fragen?

Ja, mit Sicherheit.

Gründe für das Verfassen dieses Buches

Der ausdrückliche Zweck, der mich dazu bewogen hat, dieses Buch zu schreiben, ist die Beantwortung und Klärung dieser und vieler anderer Fragen ähnlicher Natur. Ich habe mich bemüht, die großen grundlegenden Wahrheiten Ihres Geistes in möglichst einfacher Sprache zu erläutern.

Ich glaube, dass es durchaus möglich ist, die wesentlichen, grundlegenden und fundamentalen Gesetze des Lebens und des Geistes in gewöhnlicher Alltagssprache zu erklären. Ich bitte Sie eindringlich, dieses Buch zu studieren und die darin beschriebenen Techniken anzuwenden; und wenn Sie das tun, bin ich absolut davon überzeugt, dass Sie einer wundersamen Kraft habhaft werden, die Sie aus Verwirrung, Elend, Melancholie und Versagen erhebt und Sie an Ihren wahren Platz führt, die Ihre Schwierigkeiten löst, Sie von emotionalen und physischen Fesseln befreit und Sie auf den Königsweg zu Freiheit, Seelenfrieden und Glück bringt. Diese wundertätige Macht Ihres Unterbewusstseins kann Sie von dem heilen, was Sie hemmt, und Ihnen helfen, Ihre inneren Kräfte zu nutzen, um die Gefängnistür der Angst zu öffnen und in ein Leben einzutreten, das Paulus als die herrliche Freiheit der Kinder Gottes beschreibt.

Die wundertätige Macht Ihres Unterbewusstseins kann Sie von dem heilen, was Sie hemmt.

Das Einzigartige an diesem Buch ist seine bodenständige Praxisnähe. Es werden Ihnen einfache, nützliche Techniken und Prinzipien vorgestellt, die Sie in Ihrem Alltag leicht anwenden können. Ich habe diese einfachen Verfahren Männern und Frauen auf der ganzen Welt und aus allen Gesellschaftsschichten beigebracht und dieses Material vor Gruppen von über tausend Teilnehmern aller Religionszugehörigkeiten präsentiert; viele davon legten Entfernungen von zweihundert Meilen oder mehr für jede Unterrichtsstunde zurück.

Die Besonderheiten dieses Buches werden Sie ansprechen, weil sie Ihnen einerseits zeigen, warum Sie oft das Gegenteil von dem bekommen, wofür Sie gebetet haben, und Ihnen andererseits die Gründe dafür offenbaren. Menschen haben mich in allen Teilen der Welt und Tausende Male gefragt: »Warum habe ich gebetet und gebetet und keine Antwort bekommen?«

In diesem Buch werden Sie die Gründe für diese häufige Beschwerde finden. Die vielen Möglichkeiten, dem Unterbewusstsein Dinge einzuprägen und die richtigen Antworten zu erhalten, machen dieses Buch zu einem außerordentlich wertvollen Werk und zu einer stets gegenwärtigen Hilfe in Zeiten der Not.

Was glauben Sie?

Nicht die Sache, an die wir glauben, bringt eine Antwort auf unser Gebet; die Antwort auf das Gebet ergibt sich, wenn unser Unterbewusstsein auf das geistige Bild oder den Gedanken reagiert, den wir im Kopf haben.

Dieses Gesetz des Glaubens wirkt in allen Religionen der Welt und ist der Grund, aus dem sie psychologisch betrachtet wahr sind. Buddhisten, Christen, Muslime und Juden können Antworten auf ihre Gebete erhalten und zwar nicht aufgrund eines bestimmten Glaubensbekenntnisses, einer Religion, einer Zugehörigkeit, eines Rituals, einer Zeremonie, einer Formel, einer Liturgie, einer Beschwörung, eines Opfers oder einer Opfergabe, sondern allein aufgrund des Glaubens oder der geistigen Akzeptanz und Empfänglichkeit für das, wofür sie beten.

Das Gesetz des Lebens ist das Gesetz des Glaubens.

Das Gesetz des Lebens ist das Gesetz des Glaubens, und der Glaube ist kurz gesagt ein Gedanke in Ihrem Kopf. Wie Sie denken, fühlen und glauben, so ist auch die Verfassung Ihres Geistes, Ihres Körpers und Ihrer Umstände. Eine Technik, eine Methodik, die auf dem Verständnis dessen beruht, was Sie tun und warum Sie es tun, wird Ihnen helfen, all die guten Dinge des Lebens unterbewusst zu entfalten.

Ein erhörtes Gebet ist im Wesentlichen die Erfüllung eines Herzenswunsches.

Ihr Gebet wird erhört, weil Ihr Unterbewusstsein ein Prinzip ist, und mit Prinzip meine ich die Art und Weise, wie eine Sache funktioniert. Das Prinzip der Elektrizität ist zum Beispiel, dass sie von einem höheren zu einem niedrigeren Potenzial fließt. Sie ändern das Prinzip der Elektrizität nicht, wenn Sie sie benutzen, aber indem Sie mit der Natur zusammenarbeiten, können Sie wunderbare Erfindungen und Entdeckungen hervorbringen, die die Menschheit auf unzählige Arten beglücken.

Ein erhörtes Gebet ist die Verwirklichung eines Herzenswunsches.

Ihr Unterbewusstsein ist ein Prinzip und arbeitet nach dem Gesetz des Glaubens. Sie müssen wissen, was Glaube ist, warum und wie er funktioniert. Das Gesetz Ihres Geistes ist das Gesetz des Glaubens. Das bedeutet, dass Sie an die Funktionsweise Ihres Geistes glauben müssen, um an den Glauben selbst zu glauben. Der Glaube Ihres Verstandes ist der Gedanke Ihres Verstandes – das ist einfach, nur das und nichts anderes.

All Ihre Erfahrungen, Erlebnisse, Umstände und Handlungen sind die Reaktion Ihres Unterbewusstseins auf Ihre Gedanken. Denken Sie daran, dass nicht die Sache, an die Sie glauben, das Ergebnis hervorbringt, sondern der Glaube in Ihrem eigenen Geist.

Hören Sie auf, an die falschen Überzeugungen und Meinungen, den Aberglauben und die Ängste anderer Menschen zu glauben. Fangen Sie an, an die ewigen Wahrheiten des Lebens zu glauben, die sich nie ändern. Dann werden Sie sich vorwärts, aufwärts und gottwärts bewegen.

Wenn Sie dieses Buch lesen und die hier dargelegten Prinzipien des Unterbewusstseins anwenden, werden Sie in der Lage sein, wissenschaftlich fundiert und wirkungsvoll für sich selbst und für andere zu beten. Ihr Gebet wird nach dem universellen Gesetz von Aktion und Reaktion erhört. Ein Gedanke ist der Beginn einer Aktion. Die Reaktion ist die Antwort Ihres Unterbewusstseins und stimmt mit der Natur Ihrer Gedanken überein.

Beschäftigen Sie sich geistig mit den Prinzipien von Harmonie, Gesundheit, Frieden und Wohlwollen, und es werden Wunder in Ihrem Leben geschehen.

1
Die Schatzkammer in Ihrem Inneren

Überall um Sie herum gibt es unendliche Reichtümer, wenn Sie Ihr geistiges Auge öffnen und die Schatzkammer der Unendlichkeit in sich selbst wahrnehmen. Es gibt eine Goldmine in Ihnen, aus der Sie alles hervorholen können, was Sie brauchen, um ein wunderbares und freudiges Dasein voller Überfluss zu führen.

Viele schlafen tief und fest, weil sie nichts von dieser Goldmine der unendlichen Intelligenz und grenzenlosen Liebe in sich selbst wissen. Was immer Sie wollen, Sie können es hervorholen. Ein Stahlmagnet hebt etwa das Zwölffache seines Eigengewichts, aber ist dasselbe Stück Stahl entmagnetisiert, wird es nicht einmal eine Feder anheben. In ähnlicher Weise gibt es zwei Arten von Menschen. Der eine Mensch ist magnetisiert, er ist voller Zuversicht und Glauben. Dieser Mensch weiß, dass er zum Gewinnen und für den Erfolg geboren ist. Dann gibt es den anderen Typus, der entmagnetisiert ist. Dieser Mensch ist voller Ängste und Zweifel. Wenn sich ihm Gelegenheiten bieten, sagt er sich: »Ich könnte scheitern; ich könnte mein Geld verlieren; die Leute werden mich auslachen.« Diese

Art Mensch wird im Leben nicht weit kommen, denn wer Angst hat, vorwärts zu gehen, wird einfach dort bleiben, wo er ist. Werden Sie ein magnetisierter Mensch und entdecken Sie das größte Geheimnis aller Zeiten.

Das größte Geheimnis aller Zeiten

Was ist Ihrer Meinung nach das größte Geheimnis aller Zeiten? Das Geheimnis der Atomenergie? Die thermonukleare Energie? Die Neutronenbombe? Interplanetare Reisen? Nein, nichts von alledem. Was ist denn dann das größte Geheimnis? Wo können wir es finden und wie können wir mit ihm in Verbindung treten und es einsetzen? Die Antwort ist außerordentlich einfach. Dieses Geheimnis ist die wunderbare, wundertätige Macht, die sich in Ihrem eigenen Unterbewusstsein befindet – der letzte Ort, an dem die meisten Menschen danach suchen würden.

Die wunderbare Macht Ihres Unterbewusstseins

Sie können mehr Macht, mehr Reichtum, mehr Gesundheit, mehr Glück und mehr Freude in Ihr Leben bringen, wenn Sie lernen, mit der verborgenen Kraft Ihres Unterbewusstseins in Verbindung zu treten und sie freizusetzen.

Sie brauchen sich diese Macht nicht anzueignen; Sie besitzen sie bereits. Aber Sie müssen lernen, sie zu nutzen; Sie müssen sie verstehen, damit Sie sie in allen Bereichen Ihres Lebens anwenden können.

Wenn Sie die einfachen Techniken und Prozesse befolgen, die in diesem Buch beschrieben werden, können Sie das notwendige Wissen und Verständnis erlangen. Ein neues Licht wird Sie inspirieren, und Sie werden eine neue Kraft erzeugen, die es Ihnen ermöglicht, Ihre Hoffnungen zu verwirklichen und all Ihre Träume wahr werden zu lassen. Beschließen Sie jetzt, Ihr Leben großartiger, größer, reicher und prächtiger zu gestalten als je zuvor.

In den Tiefen Ihres Unterbewusstseins liegen unendliche Weisheit, unendliche Macht und ein unendlicher Vorrat an allem, was notwendig ist und darauf wartet, entwickelt zu werden und Ausdruck zu finden. Beginnen Sie jetzt, die Potenziale Ihres tieferen Geistes zu erkennen, und sie werden in der Welt Gestalt annehmen.

Die unendliche Intelligenz Ihres Unterbewusstseins kann Ihnen zu jedem Zeitpunkt und an jedem Ort alles offenbaren, was Sie wissen müssen, vorausgesetzt, Sie sind aufgeschlossen und empfänglich dafür. Sie können neue Gedanken und Ideen erhalten, die es Ihnen ermöglichen, neue Erfindungen hervorzubringen, neue Entdeckungen zu machen oder Bücher und Theaterstücke zu schreiben. Darüber hinaus kann die unendliche Intelligenz in Ihrem Unterbewusstsein Ihnen wundervolle Erkenntnisse von ursprünglicher Natur vermitteln. Sie kann Ihnen den Weg zu vollkommener Entfaltung und zu Ihrem wahren Platz im Leben aufzeigen und bahnen.

Beschließen Sie jetzt, Ihr Leben großartiger, größer, reicher und prächtiger zu gestalten als je zuvor.

Durch die Weisheit Ihres Unterbewusstseins können Sie nicht nur Wohlstand anziehen, sondern auch den richtigen Geschäfts- oder Lebenspartner. Ihr Unterbewusstsein kann den richtigen Käufer für Ihr Haus finden, Sie mit so viel Geld versorgen, wie Sie brauchen, und Ihnen die finanzielle Freiheit geben, zu sein, zu tun und zu unternehmen, was Ihr Herz begehrt.

Es ist Ihr Recht, diese innere Welt der Gedanken, Gefühle und Mächte, des Lichts, der Liebe und der Schönheit zu entdecken. Obwohl sie unsichtbar ist, sind ihre Kräfte gewaltig. In Ihrem Unterbewusstsein finden Sie die Lösung für jedes Problem und die Ursache für jede Wirkung. Weil Sie diese verborgenen Kräfte hervorholen können, sind Sie in der Lage, in den tatsächlichen Besitz der Macht und der Weisheit zu gelangen, die notwendig sind, um im Leben Überfluss, Sicherheit sowie Freude zu erreichen und Ihre Geschicke selbst zu lenken.

Ich habe gesehen, wie die Macht des Unterbewusstseins Menschen aus elenden Verhältnissen befreit und sie wieder gesund, vital und stark gemacht hat, sodass sie frei in die Welt hinausgingen, um Glück, Gesundheit und Freude zu erleben.

2
Wie Ihr Verstand funktioniert

Sie haben einen Verstand, und Sie sollten lernen, ihn zu benutzen. Es gibt zwei Verstandesebenen – die bewusste oder rationale Ebene und die unterbewusste oder irrationale Ebene. Sie denken mit Ihrem Bewusstsein, und was immer Sie gewohnheitsmäßig denken, sinkt in Ihr Unterbewusstsein hinab. Und je nach Art Ihrer Gedanken wirkt die gestalterische Kraft Ihres Unterbewusstseins. Wenn Sie Gutes denken, wird Gutes folgen; wenn Sie Schlechtes denken, wird Schlechtes folgen. Das ist die Art und Weise, wie Ihr Verstand funktioniert.

Der wichtigste Punkt, den wir uns merken sollten, ist, dass das Unterbewusstsein, sobald es eine Idee akzeptiert hat, damit beginnt, sie umzusetzen. Es ist eine interessante und heikle Wahrheit, dass das Gesetz des Unterbewusstseins für gute und schlechte Ideen gleichermaßen gilt. Wenn dieses Gesetz auf negative Weise angewendet wird, ist es die Ursache für Misserfolg, Frustration und Unglück. Wenn Ihr gewohnheitsmäßiges Denken jedoch harmonisch und konstruktiv ist, erleben Sie Glück und Wohlstand.

Was immer Sie gedanklich behaupten und als wahr empfinden, wird Ihr Unterbewusstsein akzeptieren und in Ihre Erfahrung einbringen. Sie müssen einzig und allein Ihr Unterbewusstsein dazu bringen, Ihre Idee zu akzeptieren, dann wird das Gesetz Ihres eigenen Unterbewusstseins hervorbringen, was Sie sich wünschen. Sie geben den Befehl oder die Anordnung, und Ihr Unterbewusstsein wird die ihm eingeprägte Idee getreulich umsetzen. Das ist das Gesetz Ihres Verstandes: Sie werden eine Reaktion oder Antwort von Ihrem Unterbewusstsein erhalten, entsprechend der Art des Gedankens oder der Idee, die in Ihrem Bewusstsein vorhanden ist.

Die *gestalterische Kraft* Ihres Unterbewusstseins wirkt je nach Art Ihrer Gedanken.

Psychologen und Psychiater weisen darauf hin, dass bei der Übermittlung von Gedanken an Ihr Unterbewusstsein Eindrücke in den Gehirnzellen entstehen. Sobald Ihr Unterbewusstsein eine Idee akzeptiert, beginnt es sofort, sie umzusetzen. Es arbeitet mit der Assoziation von Ideen und nutzt jedes bisschen Wissen, das Sie in Ihrem Leben gesammelt haben, um seinen Zweck zu erfüllen. Dabei greift es auf die unendliche Macht, Energie und Weisheit in Ihnen zurück.

Es kombiniert alle Naturgesetze, um sich durchzusetzen. Manchmal bringt es die Lösung für Ihre Schwierigkeiten sofort hervor, aber es kann auch Tage, Wochen oder länger dauern. Seine Wege sind geheimnisvoll und unergründlich.

Differenzierung der Begriffe Bewusstsein und Unterbewusstsein

Ihr bewusster und Ihr unterbewusster Verstand sind nicht zwei verschiedene Teile Ihres Geistes. Sie sind lediglich zwei Aktivitätssphären innerhalb eines einzigen Geistes. Ihr Bewusstsein ist der denkende Verstand. Es ist die Stufe des Verstandes, die Entscheidungen trifft. Sie wählen zum Beispiel Ihre Bücher, Ihr Zuhause und Ihren Lebenspartner aus. Sie treffen alle Ihre Entscheidungen mit Ihrem Bewusstsein.

Andererseits arbeitet Ihr Herz automatisch, ohne dass Sie eine bewusste Entscheidung dafür treffen, und auch die Verdauung, der Kreislauf und die Atmung werden von Ihrem Unterbewusstsein durch Prozesse ausgeführt, die von Ihrer bewussten Steuerung unabhängig sind.

Ihr Unterbewusstsein akzeptiert, was ihm eingeprägt wird oder was Sie bewusst glauben. Es stellt keine Überlegungen an wie Ihr bewusster Verstand, und es argumentiert nicht mit Ihnen.

Ihr Unterbewusstsein ist wie der Boden, der jede Art von Samen aufnimmt, ob gut oder schlecht. Ihre Gedanken sind aktiv und können mit den Samen verglichen werden. Negative, zerstörerische Gedanken wirken weiterhin negativ in Ihrem Unterbewusstsein und werden sich zu gegebener Zeit in äußeren Erfahrungen manifestieren, die ihnen entsprechen.

Behalten Sie in Erinnerung, dass sich Ihr Unterbewusstsein nicht damit beschäftigt, ob Ihre Gedanken gut oder schlecht, wahr oder falsch sind; vielmehr reagiert es entsprechend der Art Ihrer Gedanken oder Suggestionen. Wenn Sie zum Beispiel etwas bewusst als wahr annehmen, obwohl es vielleicht falsch ist, wird Ihr Unterbewusstsein es als wahr akzeptieren und die Ergebnisse herbeiführen, die zwangsläufig daraus folgen müssen, weil Sie es bewusst als wahr angenommen haben.

Klärung der Begriffe objektiver und subjektiver Verstand

Ihr Bewusstsein wird manchmal auch als objektiver Verstand bezeichnet, weil es sich mit äußeren Objekten beschäftigt. Der objektive Verstand nimmt die objektive Welt zur Kenntnis. Seine Beobachtungsorgane sind Ihre fünf Sinne.

Ihr objektiver Verstand ist Ihr Lotse und Richtungsgeber im Kontakt mit Ihrer Umwelt. Sie erlangen Wissen durch Ihre fünf Sinne. Ihr objektiver Verstand lernt durch Beobachtung, Erfahrung und Bildung. Wie bereits erwähnt, ist die wichtigste Funktion des objektiven Verstandes das logische Denken.

Nehmen wir an, Sie sind einer der Tausenden von Touristen, die jedes Jahr nach Los Angeles kommen. Sie werden aufgrund der Dinge, die Sie sehen – die Parks, die hübschen Gärten, die majestätischen Gebäude und die schönen Häuser – zu dem Schluss kommen, dass es eine schöne Stadt ist. Dies ist die Arbeit Ihres objektiven Verstandes.

Ihr Unterbewusstsein wird oft als Ihr subjektiver Verstand bezeichnet. Ihr subjektiver Verstand nimmt seine Umgebung mit Mitteln wahr, die unabhängig von den fünf Sinnen sind. Er nimmt durch Intuition wahr.

Dieser subjektive Verstand ist der Sitz Ihrer Emotionen und der Speicher Ihres Gedächtnisses. Er übt seine wichtigsten Funktionen aus, wenn Ihre objektiven Sinne ruhen. Kurz gesagt, es ist die Intelligenz, die sich manifestiert, wenn der objektive Verstand außer Kraft gesetzt ist oder sich in einem schläfrigen, schlummernden Zustand befindet.

Die Wahrnehmungen Ihres subjektiven Verstandes erfolgen ohne den Einsatz der natürlichen Sinnesorgane. Nehmen wir wieder das Beispiel, dass Sie Los Angeles besuchen, obwohl Sie gehört haben, dass es eine schreckliche Stadt voller Smog und Kriminalität ist. Wenn Sie die Stadt besuchen, werden Sie genau das vorfinden; diese Erfahrung ist aus dem Samen entstanden, der gepflanzt wurde.

Es ist von größter Bedeutung, dass wir das Zusammenspiel von objektivem und subjektivem Verstand begreifen, um die wahre Kunst des Gebets zu erlernen.

Das Unterbewusstsein kann nicht logisch denken

Ihr Unterbewusstsein kann nicht kontrovers argumentieren. Wenn Sie ihm falsche Suggestionen vorgeben, wird es diese als wahr akzeptieren und sie in Form von Umständen, Erfahrungen und Ereignissen verwirklichen. Alle Dinge, die Ihnen widerfahren sind, beruhen auf Gedanken, die Ihrem Unterbewusstsein durch Überzeugungen eingeprägt wurden. Wenn Sie Ihrem Unterbewusstsein falsche Vorstellungen vermittelt haben, ist die einzige sichere Methode, diese zu überwinden, die häufige Wiederholung konstruktiver und harmonischer Gedanken. Ihr Unterbewusstsein wird sie annehmen und auf diese Weise neue und gesunde Denk- und Lebensgewohnheiten ausbilden. Ihr Unterbewusstsein ist der Sitz der Gewohnheit.

Das gewohnheitsmäßige Denken Ihres Bewusstseins hinterlässt tiefe Furchen in Ihrem Unterbewusstsein. Das ist sehr vorteilhaft für Sie, wenn Ihre gewohnheitsmäßigen Gedanken harmonisch, friedlich und konstruktiv sind. Wenn Sie sich jedoch bewusst Ihren Ängsten, Sorgen und anderen destruktiven Denkweisen hingegeben haben, ist die einzige Lösung, die Allmacht Ihres Unterbewusstseins zu erkennen und sich für Freiheit, Glück und Erfüllung zu entscheiden. Ihr Unterbewusstsein, das schöpferisch und eins mit Ihrer göttlichen Quelle ist, wird weiterhin erschaffen, was Sie ernsthaft beschlossen haben.

Die enorme Macht der Suggestion

Ihr Bewusstsein ist der »Torwächter«, und seine Hauptaufgabe besteht darin, Ihr Unterbewusstsein vor falschen Eindrücken zu schützen.

Ihr Unterbewusstsein ist empfänglich für Suggestionen. Wie Sie wissen, nimmt es keine Vergleiche oder Gegenüberstellungen vor, und es denkt auch nicht selbst über die Dinge nach. Letzteres ist Aufgabe Ihres Bewusstseins. Das Unterbewusstsein reagiert einfach auf die Eindrücke, die ihm von Ihrem Bewusstsein vermittelt werden. Es bevorzugt keine bestimmte Vorgehensweise gegenüber einer anderen.

Sie müssen die Räder Ihres Verstandes zum Stillstand bringen, sich entspannen, loslassen und sich in Ruhe der Kunst des Gebets zuwenden: dem auf ein bestimmtes Ziel ausgerichteten, aufeinander abgestimmten, harmonischen und intelligenten Zusammenwirken der bewussten und unterbewussten Ebene des Verstandes.

3
Wie Sie die gewünschten Ergebnisse erzielen

Die Hauptgründe für Misserfolge sind: mangelndes Vertrauen und zu große Anstrengung. Viele Menschen blockieren Antworten auf ihre Gebete, weil sie die Funktionsweise ihres Unterbewusstseins nicht vollständig verstehen.

Wenn Sie wissen, wie Ihr Verstand funktioniert, gewinnen Sie ein gewisses Maß an Vertrauen. Bedenken Sie: Sobald Ihr Unterbewusstsein eine Idee annimmt, beginnt es sofort, sie umzusetzen. Es setzt alle seine mächtigen Ressourcen zu diesem Zweck ein und mobilisiert alle mentalen und spirituellen Gesetze Ihres tieferen Verstandes. Dieses Gesetz gilt für gute und schlechte Gedanken gleichermaßen. Wenn Sie Ihr Unterbewusstsein also negativ nutzen, bringt es Ärger, Misserfolg und Verwirrung. Nutzen Sie es konstruktiv, bringt es Ihnen Anleitung, Freiheit und Seelenfrieden.

Die richtige Reaktion erfolgt zwangsläufig, wenn Ihre Gedanken positiv, konstruktiv und liebevoll sind. Daraus ergibt sich ganz klar, dass Sie nur eine einzige Sache tun müssen, um Misserfolge zu überwinden: Ihr Unterbewusstsein dazu bringen, Ihre Idee oder Ihre Bitte zu akzeptieren, indem Sie sie jetzt als Realität empfinden; dann wird das Gesetz Ihres Geistes den Rest erledigen. Übergeben Sie Ihr Anliegen mit Vertrauen und Zuversicht an Ihr Unterbewusstsein, und es wird die Führung übernehmen und Ihnen eine Antwort bringen.

Sie werden immer scheitern, wenn Sie versuchen, geistigen Zwang auszuüben – Ihr Unterbewusstsein reagiert nicht auf Zwang, sondern auf Ihren Glauben oder Ihre bewusste Zustimmung.

Bedenken Sie: Sobald Ihr Unterbewusstsein eine Idee annimmt, beginnt es sofort, sie umzusetzen.

Ihr Unvermögen, Ergebnisse zu erzielen, kann auch aus Aussagen wie diesen resultieren: »Die Dinge werden immer schlimmer.« »Ich werde nie eine Antwort bekommen.« »Ich sehe keinen Ausweg.« »Es ist hoffnungslos.« »Ich weiß nicht, was ich tun soll.« »Ich bin völlig durcheinander.« Wenn Sie solche Aussagen treffen, erhalten Sie von Ihrem Unterbewusstsein keine Reaktion oder Kooperation. Wie ein Soldat, der auf der Stelle tritt, gehen Sie weder vorwärts noch rückwärts; mit anderen Worten, Sie kommen nicht voran.

Wenn Sie in ein Taxi steigen und dem Fahrer innerhalb von fünf Minuten ein halbes Dutzend verschiedene Anweisungen geben, wird er hoffnungslos verwirrt sein und sich wahrscheinlich weigern, Sie irgendwohin zu fahren. Genauso ist es, wenn Sie mit Ihrem Unterbewusstsein arbeiten. Sie müssen eine klare Vorstellung im Kopf haben. Sie müssen zu dem eindeutigen Entschluss kommen, dass es einen Ausweg, eine Lösung für das leidige Problem gibt. Nur die unendliche Intelligenz Ihres Unterbewusstseins kennt die Antwort. Wenn Sie in Ihrem Bewusstsein zu dieser klaren Schlussfolgerung kommen, haben Sie einen Entschluss gefasst, und Ihnen wird widerfahren, was Ihrem Glauben entspricht.

Gehen Sie es entspannt an

Ein Hauseigentümer beschwerte sich einmal bei einem Heizungsmonteur, weil er zweihundert Dollar für die Reparatur des Heizkessels verlangt hatte. Der Handwerker sagte: »Ich habe fünf Cent für die fehlende Schraube berechnet und hundertneunundneunzig Dollar und fünfundneunzig Cent dafür, dass ich wusste, was kaputt war.«

In vergleichbarer Weise ist Ihr Unterbewusstsein der Handwerksmeister, der alles weiß und die Mittel und Wege kennt, um Ihre Wünsche zu erfüllen und Ihre geschäftlichen Ziele zu erreichen. Entscheiden Sie sich für Reichtum, und Ihr Unterbewusstsein wird ihn schaffen. Der Schlüssel dabei ist Entspannung: Gehen Sie es entspannt an. Kümmern Sie sich nicht um Details und Mittel, aber haben Sie eine klare Vorstellung vom Endergebnis. Entwickeln Sie das Gefühl einer glücklichen Lösung für Ihr Problem, ob es sich nun um Reichtum, Gesundheit oder Arbeit handelt. Denken Sie daran, dass Ihr Gefühl der Prüfstein für jede Demonstration des Unterbewusstseins ist. Sie müssen Ihre Idee subjektiv als bereits im Endzustand befindlich fühlen, nicht als etwas in der Zukunft Liegendes, sondern als jetzt eingetreten.

Nicht von Widrigkeiten ausgehen; Fantasie statt Willenskraft einsetzen

Indem Sie Ihr Unterbewusstsein nutzen, gehen Sie nicht von Widrigkeiten aus, setzen Sie keine Willenskraft ein. Sie stellen sich das Ziel und den Zustand der Freiheit vor. Sie werden feststellen, dass Ihr Intellekt versucht, Ihnen in die Quere zu kommen, aber halten Sie an einem einfachen, kindlichen, wunderwirksamen Glauben fest. Stellen Sie sich vor, dass es keine Hindernisse oder Probleme gibt. Stellen Sie sich den Zustand der Freiheit und des Reichtums vor, nach dem Sie sich sehnen. Lassen Sie alle bürokratischen Hindernisse außer Acht. Der einfache Weg ist der beste.

Halten Sie an einem einfachen, kindlichen, wunderwirksamen Glauben fest.

Wie disziplinierte Vorstellungskraft Wunder bewirkt

Eine wunderbare Möglichkeit, eine Antwort von Ihrem Unterbewusstsein zu erhalten, ist eine disziplinierte oder systematische Vorstellungskraft. Wie bereits erwähnt, ist Ihr Unterbewusstsein der Handwerksmeister des Körpers und steuert alle seine lebenswichtigen Funktionen.

Die Bibel sagt: Und alles, was ihr im Gebet erbittet, werdet ihr erhalten, wenn ihr glaubt. Glauben bedeutet, etwas als wahr anzunehmen oder in dem Bewusstsein zu leben, dass es wahr ist. Wenn Sie diese Gemütslage beibehalten, werden Sie die Freude erleben, dass Ihr Gebet erhört wurde!

Die drei Schritte zu einem erfolgreichen Gebet

Die übliche Vorgehensweise ist folgende:

- Schauen Sie sich das Problem an.
- Wenden Sie sich der Lösung oder dem Ausweg zu, den nur das Unterbewusstsein kennt.
- Verharren Sie in der tiefen Überzeugung, dass es getan ist.

Schwächen Sie Ihr Gebet nicht ab, indem Sie sagen: »Ich wünschte, ich könnte geheilt werden« oder »Ich hoffe es«. Ihr Gefühl bezüglich der Arbeit, die getan werden muss, ist »der Chef«. Harmonie ist Ihnen gegeben. Seien Sie sich bewusst, dass Fülle Ihnen gegeben ist. Werden Sie wissend, indem Sie zu einem Medium für die unendliche Kraft des Unterbewusstseins werden. Übertragen Sie die Vorstellung von Reichtum mit voller Überzeugung auf Ihr Unterbewusstsein, und entspannen Sie sich dann. Legen Sie die Hände in den Schoß. Sagen Sie angesichts von Umständen und Bedingungen: »Auch das wird vorübergehen.« Durch die Entspannung prägen Sie Ihr Unterbewusstsein und ermöglichen es der kinetischen Energie, die hinter der Idee steht, diese zu übernehmen und in die konkrete Umsetzung zu bringen.

Das Gesetz der umgekehrten Anstrengung und warum wir das Gegenteil von dem bekommen, wofür wir beten

Émile Coué (1857–1926) war ein französischer Psychologe, der das Prinzip der Selbstverbesserung auf der Grundlage positiver Suggestion einführte.

Übertragen Sie die Vorstellung von Reichtum mit voller Überzeugung auf Ihr Unterbewusstsein, und entspannen Sie sich dann.

Am bekanntesten wurde sein Mantra: »Ich werde jeden Tag in jeder Hinsicht besser und besser.« Coué definierte das Gesetz der umgekehrten Anstrengung wie folgt: »Wenn Ihre Wünsche und Ihre Vorstellungskraft miteinander in Konflikt geraten, gewinnt Ihre Vorstellungskraft unweigerlich die Oberhand.«

Würden Sie zum Beispiel aufgefordert, über ein Brett auf dem Boden zu gehen, würden Sie das ohne Frage tun. Nehmen wir nun an, dasselbe Brett befände sich zehn Meter hoch in der Luft zwischen zwei Wänden – würden Sie hinüberlaufen? Ihr Wunsch, über das Brett zu gehen, würde durch Ihre Vorstellungskraft oder Ihre Angst vor einem Sturz konterkariert werden. Ihre dominierende Vorstellung, nämlich das Bild des Sturzes, würde die Oberhand gewinnen. Ihr Wunsch, Ihr Wille oder Ihre Anstrengung, über das Brett zu gehen, würde sich ins Gegenteil verkehren, und die dominierende Vorstellung des Scheiterns würde sich verstärken.

Geistige Anstrengung ist immer selbstzerstörerisch und führt immer zum Gegenteil dessen, was Sie sich wünschen. Die Suggestion der Unfähigkeit, das Hindernis zu überwinden, dominiert den Verstand; Ihr Unterbewusstsein wird immer von der dominanten Idee gesteuert. Es wird den stärkeren von zwei widersprüchlichen Vorschlägen akzeptieren. Der mühelose Weg ist der bessere.

Wenn Sie sagen: »Ich will Heilung, aber ich kann sie nicht bekommen« oder »Ich bemühe mich so sehr« oder »Ich zwinge mich zu beten« oder »Ich setze alle Willenskraft ein, die ich habe«, dann müssen Sie erkennen, dass Ihr Fehler in Ihrer Anstrengung liegt. Versuchen Sie niemals, das Unterbewusstsein durch Willenskraft zum Akzeptieren Ihrer Idee zu zwingen. Solche Versuche sind zum Scheitern verurteilt, und Sie erhalten das Gegenteil von dem, wofür Sie gebetet haben.

Die folgende Erfahrung ist ziemlich häufig: Wenn Studenten Prüfungen ablegen und ihre Prüfungsaufgaben durchlesen, stellen sie oft fest, dass ihnen plötzlich ihr gesamtes Wissen entfallen ist. In ihrem Kopf macht sich eine entsetzliche Leere breit, und sie sind nicht in der Lage, sich an einen einzigen relevanten Gedanken zu erinnern. Je mehr sie die Zähne zusammenbeißen und ihre Willenskräfte aufbringen, desto unerreichbarer erscheinen die Antworten. Doch sobald sie den Prüfungsraum verlassen haben und der mentale Druck nachlässt, strömen die Antworten, nach denen sie gesucht haben, quälend zurück in ihren Kopf.

Der Versuch, sich zum Erinnern zu zwingen, war die Ursache für ihren Fehlschlag. Das ist ein Beispiel für das Gesetz der umgekehrten Anstrengung, bei dem wir das Gegenteil von dem erhalten, was wir uns gewünscht oder wofür wir gebetet haben.

Der Konflikt zwischen Wunsch und Vorstellung muss geschlichtet werden

Die Anwendung von Geisteskraft setzt voraus, dass es einen Widerstand gibt. Wenn sich Ihr Geist auf die Mittel zur Überwindung eines Problems konzentriert, ist er nicht mehr mit dem Hindernis beschäftigt. In Matthäus 18,19 heißt es: Was auch immer zwei von euch auf Erden einmütig erbitten, werden sie von meinem himmlischen Vater erhalten.

Wer sind diese zwei?

Es ist die harmonische Vereinigung oder Übereinstimmung zwischen Ihrem Bewusstsein und Ihrem Unterbewusstsein im Hinblick auf eine Idee, einen Wunsch oder ein geistiges Bild. Wenn es in beiden Teilen Ihres Geistes keinen Widerstreit mehr gibt, wird Ihr Gebet erhört. Die beiden, die sich einig sind, können auch als Sie und Ihr Wunsch, Ihre Gedanken und Gefühle, Ihre Ideen und Emotionen, Ihre Wünsche und Vorstellungen dargestellt werden.

Sie können jeden Konflikt zwischen Ihren Wünschen und Ihrer Vorstellungskraft vermeiden, indem Sie sich in einen schläfrigen Zustand versetzen; dadurch wird jede Anstrengung auf ein Minimum reduziert.

Das Bewusstsein ist in einem schläfrigen Zustand weitestgehend abgetaucht.

Die beste Zeit, um Ihrem Unterbewusstsein etwas einzuprägen, ist vor dem Einschlafen. Der Grund dafür ist, dass das Unterbewusstsein vor dem Schlaf und kurz nach dem Erwachen am stärksten zutage tritt. In diesem Zustand zeigen sich die negativen Gedanken und Bilder nicht mehr, die dazu neigen, Ihre Wünsche zu neutralisieren und so zu verhindern, dass Ihr Unterbewusstsein sie annimmt. Wenn Sie sich die Realität des erfüllten Wunsches vorstellen und dabei die Hochstimmung der Erfüllung spüren, führt Ihr Unterbewusstsein die Verwirklichung Ihres Wunsches herbei.

Viele Menschen lösen all ihre Dilemmata und Probleme mithilfe ihrer kontrollierten, gelenkten und disziplinierten Vorstellungskraft, weil sie wissen, dass alles, was sie sich vorstellen und als wahr empfinden, auch eintreten wird und muss.

Im Folgenden wird deutlich, wie eine Frau den Konflikt zwischen ihrem Wunsch und ihrer Vorstellung überwand. Sie wünschte sich eine harmonische Lösung für ein rechtliches Problem, doch ihre Gedanken kreisten ständig um Misserfolg, Verlust, Ruin und Armut. Sie war in einen komplizierten Rechtsstreit verwickelt, der immer wieder aufgeschoben wurde, ohne dass eine Lösung in Sicht war.

Auf meine Anregung hin versetzte sie sich jeden Abend vor dem Schlafengehen in einen schläfrigen Zustand und begann, sich den glücklichen Ausgang vorzustellen und ihn so gut wie möglich zu fühlen. Sie wusste, dass das Bild in ihrem Kopf mit ihrem Herzenswunsch übereinstimmen musste.

Vor dem Schlafengehen begann sie, sich so lebhaft wie möglich vorzustellen, wie sie mit ihrem Anwalt eine angeregte Diskussion über das Ergebnis des Rechtsstreits führte. Sie stellte ihm Fragen, und er gab ihr die passenden Antworten. Er sagte ihr immer wieder: »Es hat eine perfekte, friedliche Lösung gegeben. Der Fall ist außergerichtlich geregelt worden.«

Wenn ihr tagsüber angsterfüllte Gedanken in den Sinn kamen, ließ sie ihren mentalen Film mit Gesten, Stimmen und Ton ablaufen. Sie konnte sich leicht den Klang seiner Stimme, sein Lächeln und seine Gestik vorstellen. Sie ließ dieses geistige Bild so oft ablaufen, dass es zu einem subjektiven Muster, zu einer Art Bahngleis für ihre Gedanken wurde.

Nach einigen Wochen rief ihr Anwalt sie an und bestätigte ihr objektiv, was sie sich subjektiv als real vorgestellt und empfunden hatte.

Das ist es, was der Psalmist wirklich meinte, als er schrieb: Die Worte meines Munds [Ihre Gedanken, Ihre geistigen Bilder, Ihr Gutes] mögen dir gefallen; was ich im Herzen erwäge [Ihr Gefühl, Ihr Wesen, Ihre Emotionen] stehe dir vor Augen, Herr [das Gesetz Ihres Unterbewusstseins], mein Fels und mein Erlöser [die Macht und Weisheit Ihres Unterbewusstseins kann Sie von Krankheit, Knechtschaft und Elend erlösen]. (Psalm 19,15)

Merkenswerte Gedanken

- Mentaler Zwang oder zu große Anstrengung weisen auf Angst und Furcht hin, und diese blockieren Ihre Antwort. Gehen Sie es entspannt an.
- Wenn Ihr Geist entspannt ist und Sie eine Idee akzeptieren, macht sich Ihr Unterbewusstsein daran, diese Idee umzusetzen.
- Denken und überlegen Sie unabhängig von traditionellen Denkweisen. Seien Sie sich bewusst, dass es für jedes Problem eine Antwort und eine Lösung gibt.
- Machen Sie sich keine Gedanken über Ihren Herzschlag, Ihre Atmung oder andere körperliche Funktio-

nen. Verlassen Sie sich auf Ihr Unterbewusstsein und bekräftigen Sie häufig, dass rechtes Göttliches Handeln erfolgt.

- Das Gefühl von Gesundheit erzeugt Gesundheit; das Gefühl von Reichtum erzeugt Reichtum. Wie fühlen Sie sich?
- Die Vorstellungskraft ist Ihre wirkungsvollste Fähigkeit. Stellen Sie sich Liebenswertes und Ansprechendes vor. Sie sind, was Sie sich zu sein vorstellen.
- Im Schlafzustand vermeiden Sie Konflikte zwischen Ihrem Bewusstsein und Ihrem Unterbewusstsein. Stellen Sie sich vor dem Einschlafen immer wieder die Erfüllung Ihres Wunsches vor. Schlafen Sie friedlich ein und wachen Sie freudig auf.

4
Wie Sie die Macht Ihres Unterbewusstseins für Reichtum nutzen

Wenn Sie finanzielle Schwierigkeiten haben und sich anstrengen müssen, um über die Runden zu kommen, dann bedeutet dies, Sie haben Ihr Unterbewusstsein nicht ausreichend davon überzeugt, dass Sie immer mehr als genug besitzen werden. Sie kennen sicherlich Leute, die nur wenige Stunden in der Woche arbeiten und fantastisch verdienen. Diese Leute strengen sich nicht übermäßig an und schuften sich nicht ab. Glauben Sie nicht an das Märchen, dass Sie nur im Schweiße Ihres Angesichts und durch harte Arbeit zu Reichtum gelangen können. Das stimmt nicht; die mühelose Lebensweise ist die beste. Tun Sie das, was Sie gerne tun, und tun Sie es mit Freude und Begeisterung.

Ich kenne einen leitenden Angestellten in Los Angeles, der ein enormes Jahresgehalt bezieht. Letztes Jahr machte er eine neunmonatige Kreuzfahrt und sah sich die schönsten Gegenden der Welt an. Er sagte mir, es sei ihm gelungen, sein Unterbewusstsein davon zu überzeugen, dass er es wert sei, so viel Geld zu verdienen. Er erzählte mir, dass viele Mitarbeiter in seinem Unternehmen, die weniger verdienten als er, eigentlich mehr über das Geschäft wüssten und ihren Job besser machten als er, aber dass sie keinen Ehrgeiz und keine kreativen Ideen hätten und nicht an der wundersamen Wirkungsweise ihres Unterbewusstseins interessiert seien.

Reichtum ist eine Frage des Geistes

Reichtum ist einfach eine unbewusste Überzeugung jedes Einzelnen. Sie werden nicht zum Millionär, indem Sie sagen: »Ich bin Millionär, ich bin Millionär.« Sie werden in ein Reichtumsbewusstsein hineinwachsen, indem Sie die Idee von Wohlstand und Fülle in Ihre Denkweise integrieren.

Ihr unsichtbares Hilfsmittel

Das Problem der meisten Menschen ist, dass sie kein unsichtbares Hilfsmittel haben. Wenn ihr Geschäft einbricht, die Börsenkurse sinken oder sie ihre Investitionen verlieren, scheinen sie hilflos zu sein. Der Grund für diese Unsicherheit ist, dass sie nicht wissen, wie sie ihr Unterbewusstsein anzapfen können. Sie kennen den unerschöpflichen Vorrat in ihrem Inneren nicht.

Ein Mensch, der eine geistige Haltung der Armut einnimmt, findet sich in ärmlichen Verhältnissen wieder. Ein Mensch, der von Gedanken des Reichtums erfüllt ist, wird mit allem versorgt, was er braucht. Es war nie beabsichtigt, dass der Mensch ein Leben in Armut führen soll. Sie können reich sein und mehr als genug besitzen. Ihre Worte haben die Macht, Ihren Geist von falschen Vorstellungen zu befreien und sie durch die richtigen Vorstellungen zu ersetzen.

Reichtum ist einfach eine unbewusste Überzeugung jedes Einzelnen.

Die ideale Methode zum Aufbau eines Reichtumsbewusstseins

Vielleicht sagen Sie sich beim Lesen dieses Kapitels: »Ich brauche Reichtum und Erfolg.« Dafür tun Sie Folgendes: Wiederholen Sie im Geiste drei- oder viermal am Tag etwa fünf Minuten lang die Worte »Reichtum – Erfolg«. Diese Worte haben eine enorme Kraft. Sie stehen für die innere Macht des Unterbewusstseins. Verankern Sie Ihren Geist in dieser substanziellen Macht in Ihrem Inneren, dann werden sich die Bedingungen und Umstände deren Natur und Eigenschaften entsprechend in Ihrem Leben manifestieren.

Sie sagen nicht: »Ich bin reich«, sondern befassen Sie sich eingehend mit den wahren Mächten in Ihrem Inneren. Es gibt keinen geistigen Konflikt, wenn Sie »Reichtum« sagen. Außerdem wird das Gefühl von Reichtum in Ihnen aufsteigen, wenn Sie sich mit der Vorstellung von Reichtum befassen.

Das Gefühl von Reichtum erzeugt Reichtum – behalten Sie dies immer im Hinterkopf. Ihr Unterbewusstsein ist wie eine Bank, eine Art universelles Finanzinstitut. Es vermehrt alles, was Sie dort deponieren oder ihm einprägen, ob es nun die Vorstellung von Reichtum oder die von Armut ist. Entscheiden Sie sich für Reichtum.

Warum Ihre Affirmationen für Reichtum scheitern

In den letzten fünfunddreißig Jahren habe ich mit vielen Menschen gesprochen, deren übliche Klage lautete: »Ich habe wochen- und monatelang wiederholt: ›Ich bin reich, ich bin wohlhabend‹, und nichts ist passiert.« Ich stellte fest, dass sie alle bei den Worten »Ich bin wohlhabend, ich bin reich« innerlich spürten, dass sie sich selbst belogen.

Das Gefühl von Reichtum erzeugt Reichtum – behalten Sie dies immer im Hinterkopf.

Ein Mann sagte mir: »Ich habe bekräftigt, dass ich wohlhabend bin, bis immer offensichtlicher wurde, dass ich es nicht bin.« Seine Aussagen wurden von seinem Bewusstsein zurückgewiesen, und es manifestierte sich das genaue Gegenteil von dem, was er nach außen hin behauptete und bekräftigte.

Ihre Affirmation ist am erfolgreichsten, wenn sie spezifisch ist und keinen mentalen Konflikt oder Widerspruch hervorruft. Die Affirmationen dieses Mannes verschlimmerten die Dinge, weil sie auf seinen Mangel hinwiesen. Ihr Unterbewusstsein akzeptiert das, was Sie wirklich für wahr halten – nicht aber leeres Gerede oder hohle Phrasen. Das Unterbewusstsein akzeptiert immer die dominierende Idee oder Überzeugung.

Wie Sie mentale Konflikte vermeiden

Im Folgenden finden Menschen, die solche Schwierigkeiten haben, den idealen Weg zur Überwindung dieses Konflikts: Wiederholen Sie die folgende konkrete Aussage häufig, besonders vor dem Schlafengehen: »Bei Tag und bei Nacht bin ich in allen meinen Angelegenheiten erfolgreich.« Diese Behauptung wird keinen mentalen Widerspruch hervorrufen, weil sie dem Eindruck Ihres Unterbewusstseins im Hinblick auf finanziellen Mangel nicht zuwiderläuft.

Einem Geschäftsmann, dessen Umsätze und Gewinne sehr niedrig waren und der sich große Sorgen machte, schlug ich vor, sich in sein Büro zu setzen, ruhig zu werden und immer wieder folgende Aussage zu wiederholen:

»Meine Umsätze verbessern sich jeden Tag.« Diese Affirmation bewirkte, dass das Bewusstsein und das Unterbewusstsein zusammenarbeiteten; die gewünschten Ergebnisse zeigten sich bald.

Stellen Sie keine Blankoschecks aus

Sie stellen Blankoschecks für negative Entwicklungen aus, wenn Sie Aussagen treffen wie: »Es ist nicht genug für alle da«, »Es gibt einen Engpass«, »Ich werde das Haus wegen der Hypothek verlieren« und so weiter. Auch wenn Sie voller Zukunftsängste sind, stellen Sie damit einen Blankoscheck aus und ziehen negative Umstände an. Ihr Unterbewusstsein nimmt Ihre Ängste und negativen Aussagen als Bitte auf und agiert so, dass sich Hindernisse, Mangel und Einschränkungen in Ihrem Leben manifestieren.

Ihr Unterbewusstsein zahlt Zinseszinsen

Wer das Gefühl von Reichtum hat, wird mehr Reichtum erhalten; wer das Gefühl von Mangel hat, wird größeren Mangel erleben. Ihr Unterbewusstsein vermehrt und vergrößert alles, was Sie darin hinterlegen. Hinterlegen Sie jeden Morgen beim Aufwachen Gedanken von Wohlstand, Erfolg, Reichtum und Frieden. Verweilen Sie bei diesen Überlegungen. Beschäftigen Sie Ihren Geist so oft wie möglich damit. Diese konstruktiven Gedanken werden sich in Ihrem Unterbewusstsein einlagern und Fülle und Wohlstand hervorbringen.

Wenn Sie Ihr Unterbewusstsein davon überzeugen, dass Sie über Reichtum verfügen, dass immer Reichtum in und durch Ihr Leben fließt, werden Sie stets und unweigerlich über Reichtum verfügen – ganz gleich, welche Form er annimmt.

Warum nichts passiert ist

Ich höre Sie schon sagen: »Oh, das habe ich gemacht, und nichts ist passiert.« Sie haben keine Ergebnisse erzielt, weil Sie sich vielleicht zehn Minuten später Angstgedanken hingegeben und das Gute, das Sie bekräftigt hatten, damit neutralisiert haben. Wenn Sie einen Samen in die Erde legen, graben Sie ihn nicht wieder aus. Sie lassen ihn keimen und wachsen.

Nehmen wir zum Beispiel an, Sie wollen gerade sagen: »Ich werde nicht in der Lage sein, diese Zahlung zu leisten.« Bevor Sie weiter als »Ich werde …« kommen, halten Sie inne und verweilen bei einer konstruktiven Aussage, wie zum Beispiel: »Bei Tag und bei Nacht geht es mir auf allen meinen Wegen gut.«

Die wahre Quelle des Reichtums

Ihrem Unterbewusstsein mangelt es nie an Ideen. Es enthält eine unendliche Anzahl von Ideen, die in Ihr Bewusstsein einfließen und sich auf zahllose Arten als Geld in Ihrer Brieftasche niederschlagen können. Dieser Prozess wird in Ihrem Geist weitergehen, unabhängig davon, ob der Börsenkurs steigt oder fällt, ob der Dollar oder der Euro an Wert verliert. Ihr Reichtum hängt in Wirklichkeit nie von Anleihen, Aktien oder Bankguthaben ab, das sind tatsächlich nur Symbole. Natürlich sind sie notwendig und nützlich, aber eben nur Symbole.

Das ist der Punkt, den ich betonen möchte: Wenn Sie Ihr Unterbewusstsein davon überzeugen, dass Sie über Reichtum verfügen, dass immer Reichtum in und durch Ihr Leben fließt, werden Sie stets und unweigerlich über Reichtum verfügen – ganz gleich, welche Form er annimmt.

5
Ein häufiger Stolperstein auf dem Weg zum Reichtum

Es gibt Menschen, die behaupten, dass sie ständig versuchen, sich über Wasser zu halten. Sie scheinen große Mühe zu haben, ihren Verpflichtungen nachzukommen. Haben Sie schon einmal ihren Gesprächen zugehört? In vielen Fällen gehen ihre Unterhaltungen in dieselbe Richtung: Ständig verurteilen sie diejenigen, die es im Leben zu etwas gebracht haben und sich von der Masse abheben. Vielleicht sagen sie: »Oh, der Kerl ist ein Schwindler, er ist rücksichtslos, er ist ein Gauner.« Das ist der Grund, warum sie nichts haben: Sie verurteilen das, was sie sich wünschen und haben möchten. Sie sprechen kritisch über ihre wohlhabenderen Mitmenschen, weil sie missgünstig und neidisch auf den Wohlstand der anderen sind. Der schnellste Weg, den Reichtum in die Flucht zu schlagen, besteht darin, diejenigen zu kritisieren und zu verurteilen, die wohlhabender sind als wir selbst.

Es gibt ein Gefühl, das die Ursache für den Mangel an Wohlstand im Leben vieler Menschen ist. Die meisten lernen das auf die harte Tour. Es ist der Neid. Wenn Sie zum

Beispiel wissen, dass ein Konkurrent hohe Gewinne einfährt und Ihre eigenen Gewinne mager sind, werden Sie dann neidisch? Sie können dieses Gefühl überwinden, indem Sie sich sagen: »Ist das nicht wunderbar! Ich freue mich über den Wohlstand dieses Mannes. Ich wünsche ihm immer größeren Reichtum.«

Der schnellste Weg, den Reichtum in die Flucht zu schlagen, besteht darin, diejenigen zu kritisieren und zu verurteilen, die wohlhabender sind als wir selbst.

Neidische Gedanken sind verheerend, weil sie Sie in eine äußerst ungünstige Position bringen, in der der Reichtum von Ihnen weg- statt zu Ihnen hinfließt. Wenn Sie jemals über den Wohlstand oder den großen Reichtum eines anderen verärgert oder verdrossen waren, dann sagen Sie sich sofort, dass Sie ihm in jeder Hinsicht noch größeren Reichtum wünschen. Dies wird die negativen Gedanken in Ihrem Geist neutralisieren und bewirken, dass durch das Gesetz Ihres eigenen Unterbewusstseins immer mehr Reichtum zu Ihnen fließt.

Eine große mentale Blockade beseitigen

Wenn Sie empört oder missbilligend über jemanden denken, der Ihrer Meinung nach sein Geld auf unehrliche Weise verdient, dann hören Sie auf, sich damit zu beschäftigen. Sie wissen, dass ein solcher Mensch das Gesetz des Geistes negativ anwendet; das Gesetz des Geistes wird sich darum kümmern. Aus den oben genannten Gründen sollten Sie darauf achten, dass Sie diesen Menschen nicht kritisieren.

Vergessen Sie nicht: Die Blockade oder das Hindernis auf dem Weg zum Reichtum liegt in Ihrem eigenen Kopf. Sie können diese mentale Blockade jetzt abbauen – und zwar, indem Sie sich geistig mit allen Menschen gut stellen.

6
Reich werden im Schlaf

Üben Sie die folgende Technik, wenn Sie abends einschlafen: Wiederholen Sie das Wort »Reichtum« leise, leicht und gefühlvoll. Tun Sie dies immer und immer wieder, wie ein Schlaflied. Wiegen Sie sich mit dem Wort »Reichtum« in den Schlaf. Sie werden über das Ergebnis erstaunt sein. Reichtum sollte Ihnen in ungeahnter Fülle zufließen. Dies ist ein weiteres Beispiel für die magische Macht Ihres Unterbewusstseins.

Dienen Sie sich selbst mit der Macht Ihres Geistes

Entscheiden Sie sich dafür, mit der unfehlbaren Hilfe Ihres Unterbewusstseins auf einfache Weise wohlhabend zu werden.

Der Versuch, im Schweiße Ihres Angesichts und durch harte Arbeit Reichtum anzuhäufen, ist eine Möglichkeit, der reichste Mann auf dem Friedhof zu werden. Sie müssen sich nicht anstrengen oder hart schuften.

Reichtum ist eine unterbewusste Überzeugung. Integrieren Sie die Vorstellung von Reichtum in Ihre Denkweise.

Das Problem der meisten Menschen ist, dass sie keine unsichtbaren Hilfsmittel haben.

Wiederholen Sie das Wort »Reichtum« vor dem Schlafengehen etwa fünf Minuten lang langsam und leise, und Ihr Unterbewusstsein wird Reichtum in Ihr Leben bringen.

Das Gefühl von Reichtum erzeugt Reichtum. Behalten Sie dies immer im Hinterkopf.

Reichtum ist eine unterbewusste Überzeugung. Integrieren Sie die Vorstellung von Reichtum in Ihre Denkweise.

Bewusstsein und Unterbewusstsein müssen übereinstimmen. Ihr Unterbewusstsein akzeptiert, was Sie wirklich für wahr halten. Es akzeptiert immer den dominierenden Gedanken. Der vorherrschende Gedanke sollte Reichtum sein, nicht Armut.

Sie können jeden mentalen Konflikt in Bezug auf Reichtum überwinden, indem Sie sich immer wieder sagen: »Bei Tag und bei Nacht geht es mir in allen meinen Angelegenheiten gut.«

Steigern Sie Ihre Umsätze, indem Sie immer wieder diese Aussage wiederholen: »Mein Umsatz verbessert sich jeden Tag; ich komme voran, mache Fortschritte und werde jeden Tag reicher.«

Hören Sie auf, Blankoschecks auszustellen, wie beispielsweise: »Es ist nicht genug für alle da« oder »Es gibt einen Mangel«. Solche Aussagen verstärken und vergrößern Ihren Mangel.

Hinterlegen Sie Gedanken an Wohlstand, Reichtum und Erfolg in Ihrem Unterbewusstsein, und es wird Ihnen Zinseszinsen zahlen.

Was Sie bewusst bejahen, dürfen Sie nicht wenige Augenblicke später mental leugnen. Dies würde das Gute, das Sie bejaht haben, neutralisieren.

Die wahre Quelle Ihres Reichtums sind die Ideen in Ihrem Kopf. Sie können eine Idee haben, die Millionen von Dollar wert ist. Ihr Unterbewusstsein wird Ihnen die Idee eingeben, die Sie suchen.

Neid und Eifersucht behindern den Fluss des Wohlstands. Freuen Sie sich über den Wohlstand der anderen.

Das Hindernis für Reichtum liegt in Ihrem eigenen Kopf. Bauen Sie diese Blockade jetzt ab, indem Sie sich geistig mit allen Menschen gut stellen.

7
Ihr Recht, reich zu sein

Es ist Ihr Recht, reich zu sein. Sie sind hier, um ein Leben im Überfluss zu führen und glücklich, strahlend und frei zu sein. Deshalb sollten Sie so viel Geld haben, wie Sie brauchen, um ein erfülltes, glückliches und reiches Leben zu führen.

Sie sind hier, um zu wachsen, aufzublühen und sich spirituell, geistig und materiell zu entwickeln. Sie haben das unabdingbare Recht, sich voll zu entfalten und sich in jeder Hinsicht zu verwirklichen. Sie sollten sich mit Schönheit und Luxus umgeben.

Warum sollten Sie sich mit dem Nötigsten zufriedengeben, wenn Sie den Reichtum Ihres Unterbewusstseins genießen können? In diesem Kapitel können Sie lernen, sich mit Geld anzufreunden, und Sie sollten immer mehr als genug davon haben. Ihr Wunsch, reich zu sein, ist der Wunsch nach einem erfüllteren, glücklicheren und schöneren Leben. Es ist ein kosmischer Drang. Er ist nicht nur gut, sondern sehr gut.

Geld als Symbol

Geld ist ein Symbol für Austausch. Es bedeutet für Sie nicht nur Freiheit von Mangel und Bedürfnissen, sondern auch das Vorhandensein von Schönheit, Luxus, Überfluss und Noblesse. Es ist lediglich ein Symbol für die wirtschaftliche Gesundheit einer Nation. Wenn Ihr Blut frei in Ihrem Körper zirkuliert, sind Sie gesund. Zirkuliert das Geld frei in Ihrem Leben, sind Sie wirtschaftlich gesund. Wenn Menschen beginnen, Geld zu horten, es unter der Matratze zu verstecken, und von Angstgefühlen überwältigt werden, fehlt es an wirtschaftlicher Gesundheit.

Im Laufe der Jahrhunderte hat Geld viele Formen angenommen; so dienten zum Beispiel Salz, Perlen und die unterschiedlichsten Schmuckstücke als Tauschmittel. In früheren Zeiten wurde der Reichtum eines Menschen durch die Anzahl der Schafe und Ochsen bestimmt, die er besaß. Heute verwenden wir Geld und andere handelbare Wertpapiere, da es viel bequemer ist, Rechnungen mit einem Scheck zu bezahlen, als ein paar Schafe mit sich zu führen.

Wie Sie den Königsweg zum Reichtum beschreiten

Das Wissen um die Kräfte des Unterbewusstseins ist der Königsweg zu Reichtum jeglicher Art – sei er geistiger, mentaler oder finanzieller Natur. Wer die Gesetze des Geistes studiert, glaubt und weiß genau, dass er – unabhängig von wirtschaftlichen Bedingungen, Börsenschwankungen, Depressionen, Streiks, Kriegen und anderen Umstände – immer reichlich versorgt sein wird, ganz gleich, welche Form das Geld annimmt.

Das Wissen um die Kräfte des Unterbewusstseins ist der Königsweg zu Reichtum jeglicher Art – sei er geistiger, mentaler oder finanzieller Natur.

Der Grund dafür ist, dass er die Vorstellung von Reichtum in seinem Unterbewusstsein verankert hat und sie ihn versorgt, wo auch immer er sein mag. Er hat sich selbst geistig davon überzeugt, dass Geld in seinem Leben jederzeit frei fließt und es auf wunderbare Weise immer mehr als genug davon gibt. Sollte es morgen zu einem staatlichen Finanzkollaps kommen, durch den alle aktuellen Besitztümer dieses Menschen wertlos werden, wie es bei der Hyperinflation der Reichsmark nach dem Ersten Weltkrieg der Fall war, würde dieser Mensch immer noch Reichtum anziehen und versorgt werden, unabhängig davon, welche Form die neue Währung annähme.

Warum Sie nicht mehr Geld haben

Während Sie dieses Kapitel lesen, sagen Sie sich wahrscheinlich: »Ich verdiene ein höheres Gehalt, als ich es derzeit bekomme.« Ich glaube, dass die meisten Menschen unzureichend entlohnt werden. Einer der Gründe, warum viele Menschen nicht mehr Geld haben, ist, dass sie es stillschweigend oder offen verurteilen. Sie bezeichnen Geld als »schnöden Mammon« oder behaupten, »die Liebe zum Geld ist die Wurzel allen Übels«. Ein weiterer Grund, warum sie nicht wohlhabend sind, ist der, dass sie im Unterbewusstsein das Gefühl haben, Armut sei eine Art Tugend. Dieses unterbewusste Verhaltensmuster kann auf frühkindliche Erziehung, Aberglauben oder eine falsche Auslegung heiliger Schriften zurückzuführen sein.

Geld und ein ausgeglichenes Leben

Einmal sagte mir ein Mann: »Ich bin pleite. Ich mag kein Geld. Es ist die Wurzel allen Übels.« Diese Aussagen sind Ausdruck eines geplagten, negativ eingestellten Geistes. Wenn Ihre Liebe ausschließlich dem Geld gilt, führt das dazu, dass Sie einseitig und unausgeglichen werden. Sie sind hier, um Ihre Macht oder Autorität weise einzusetzen. Manche Menschen sehnen sich nach Macht, andere sehnen sich nach Geld.

Wenn Sie Ihr Herz ausschließlich an Geld hängen und sagen: »Geld ist alles, was ich will, ich werde mich ausschließlich dem Anhäufen von Geld widmen; nichts anderes ist wichtig«, dann können Sie unter Umständen zu Geld kommen und ein Vermögen aufbauen, Sie haben dabei aber vergessen, dass Sie hier sind, um ein ausgeglichenes Leben zu führen. Sie müssen auch Ihren Hunger nach Seelenfrieden, Harmonie, Liebe, Freude und vollkommener Gesundheit stillen.

Wenn Sie Geld zu Ihrem einzigen Lebensziel gemacht haben, haben Sie einfach eine falsche Entscheidung getroffen. Sie dachten, Geld wäre alles, was Sie wollten, aber nach all Ihren Bemühungen werden Sie feststellen, dass es nicht das Geld allein war, das Sie sich wünschten. Sie haben sich auch gewünscht, Ihre verborgenen Talente zu entfalten, Ihren wahren Platz im Leben zu finden, schön zu sein und die Freude zu erleben, zum Wohlergehen und Erfolg anderer beizutragen.

Wenn Sie die Gesetze Ihres Unterbewusstseins kennenlernen, könnten Sie, wenn Sie wollten, eine Million oder viele Millionen Dollar haben und hätten trotzdem Seelenfrieden, Harmonie, perfekte Gesundheit und vollkommene Selbstverwirklichung.

Warum wir Geld nie kritisieren dürfen

Armut ist keine Tugend; sie ähnelt eher einer Krankheit. Wenn Sie körperlich krank wären, würden Sie denken, dass etwas mit Ihnen nicht stimmt. Sie würden Hilfe suchen und sofort etwas gegen diesen Zustand unternehmen. Genauso ist es, wenn Sie kein Geld haben; wenn nicht ständig Geld in Ihrem Leben zirkuliert, dann stimmt etwas ganz und gar nicht mit Ihnen.

Der Antrieb Ihres inneren Lebensprinzips ist auf Wachstum, Entwicklung und ein Leben in Fülle ausgerichtet. Sie sind nicht hier, um in einer Hütte zu leben, sich in Lumpen zu kleiden und zu hungern. Sie sollten glücklich, wohlhabend und erfolgreich sein.

Armut ist keine Tugend; sie ähnelt eher einer Krankheit, die einer negativen Geisteshaltung entspringt.

Reinigen Sie Ihren Geist von allen seltsamen und abergläubischen Vorstellungen bezüglich Geld. Betrachten Sie Geld niemals als schlecht oder schmutzig. Wenn Sie das tun, wird es Flügel bekommen und davonfliegen. Denken Sie daran, dass Sie verlieren, was Sie verurteilen. Sie können nicht anziehen, was Sie kritisieren.

Die richtige Einstellung zum Geld

Hier ist eine einfache Technik, die Sie anwenden können, um Geld in Ihrem Leben zu vermehren. Wiederholen Sie mehrmals am Tag die folgenden Aussagen: »Ich mag Geld, ich liebe es, ich verwende es weise, konstruktiv und umsichtig. Geld zirkuliert ständig in meinem Leben. Ich gebe es mit Freude aus, und es kehrt auf wunderbare Weise vervielfacht zu mir zurück. Es ist gut und sehr gut. Geld fließt mir in Hülle und Fülle zu. Ich verwende es nur für Gutes, und ich bin dankbar für alle meine Güter und für den Reichtum meines Geistes.«

Wie wissenschaftlich denkende Menschen Geld betrachten

Nehmen wir zum Beispiel an, Sie fänden Gold, Silber, Blei, Kupfer oder Eisen im Boden. Würden Sie diese Dinge als schlecht oder böse bezeichnen? Alles Böse entsteht durch unsere negative Sichtweise, durch unsere Unwissenheit, durch unsere irrige Interpretation des Lebens und durch die falsche Anwendung unseres Unterbewusstseins.

Uran, Blei oder ein anderes Metall hätten als Tauschmittel dienen können. Wir verwenden Papierscheine, Schecks, Nickel und Silber – sicherlich sind diese Materialien nicht schlecht oder böse. Physiker und Chemiker wissen heute, dass der einzige Unterschied zwischen verschiedenen Metallen in der Anzahl und der Bewegungsgeschwindigkeit der Elektronen besteht, die um einen zentralen Kern kreisen. Sie können nun ein Metall in ein anderes verwandeln, indem sie die Atome in einem leistungsstarken Teilchenbeschleuniger beschießen. Gold wird unter bestimmten Bedingungen zu Quecksilber. Ich glaube, dass unsere modernen Wissenschaftler in naher Zukunft in der Lage sein werden, Gold, Silber und andere Metalle synthetisch im Chemielabor herzustellen. Die Kosten mögen jetzt noch unerschwinglich sein, aber es ist machbar. Ich kann mir nicht vorstellen, dass ein intelligenter Mensch Elektronen, Neutronen, Protonen und Isotope als etwas Böses betrachtet.

Denken Sie daran, dass Sie verlieren, was Sie verurteilen. Sie können nicht anziehen, was Sie kritisieren.

Das Stück Papier in Ihrer Tasche besteht aus Atomen und Molekülen, deren Elektronen und Protonen unterschiedlich angeordnet sind. Ihre Anzahl und Bewegungsgeschwindigkeit sind verschieden. Das ist der einzige Unterschied zwischen dem Papier und den Münzen in Ihrer Tasche.

8
Wie Sie den nötigen Reichtum anziehen

Vor vielen Jahren traf ich in Australien einen jungen Mann, der Arzt und Chirurg werden wollte, aber kein Geld hatte. Ich erklärte ihm, wie ein in die Erde gelegtes Samenkorn alles anzieht, was für seine Entfaltung notwendig ist, und dass er sich ein Beispiel an dem Samenkorn nehmen und die erforderliche Idee in sein Unterbewusstsein einpflanzen solle.

Um Geld zu verdienen, putzte dieser junge, brillante Mann Arztpraxen, arbeitete als Fensterputzer und erledigte gelegentlich Reparaturarbeiten. Er erzählte mir, dass er sich jeden Abend vor dem Einschlafen vor seinem geistigen Auge ein medizinisches Diplom an einer Wand vorstellte, auf dem in großen fetten Buchstaben sein Name stand.

Es gehörte zu seinen Aufgaben, in dem Ärztehaus, in dem er arbeitete, die gerahmten Diplome zu reinigen und zu polieren. Es fiel ihm nicht schwer, sich das Bild eines Diploms einzuprägen und es sich in seinem Geist entwickeln zu lassen. Nachdem er sich etwa vier Monate lang jede Nacht sein geistiges Bild ausgemalt hatte, stellten sich konkrete Ergebnisse ein.

Die Fortsetzung dieser Geschichte ist sehr interessant. Einer der Ärzte fand großen Gefallen an dem jungen Mann, und nachdem er ihm beigebracht hatte, Instrumente zu sterilisieren, Injektionen zu verabreichen und andere Erste-Hilfe-Maßnahmen zu ergreifen, stellte er ihn als Assistenten in seiner Praxis ein. Später schickte ihn der Arzt auf eigene Kosten zum Medizinstudium.

Wenn Sie das Ziel in Ihrem Unterbewusstsein als Bild gesehen haben, haben Sie die Mittel zu seiner Realisierung erwirkt.

Heute ist dieser junge Mann ein bekannter Arzt in Montreal. Er entdeckte das Gesetz der Anziehung, indem er sein Unterbewusstsein auf die richtige Weise einsetzte. Er wandte ein uraltes Gesetz an, das besagt: »Wenn Sie das Ziel gesehen haben, haben Sie die Mittel zu seiner Realisierung erwirkt.« In diesem Fall war das Ziel, Arzt zu werden.

Dieser junge Mann konnte sich vorstellen, sehen und fühlen, wie es ist, Arzt zu sein. Er lebte mit dieser Idee, hielt an ihr fest, hegte sie und liebte sie, bis sie qua Vorstellungskraft die Schichten seines Unterbewusstseins durchdrang und zu einer Überzeugung wurde, die alles anzog, was für die Erfüllung seines Traums notwendig war.

Warum manche Menschen keine Lohnerhöhung bekommen

Wenn Sie in einem großen Unternehmen arbeiten und im Stillen darüber nachdenken und sich darüber ärgern, dass Sie unterbezahlt sind, dass Sie nicht geschätzt werden und mehr Geld und größere Anerkennung verdienen, lösen Sie sich unbewusst von diesem Unternehmen. Sie setzen damit ein Gesetz in Gang, und Ihr Vorgesetzter oder Manager wird zu Ihnen sagen: »Wir müssen Sie entlassen.«

Eigentlich haben Sie sich selbst entlassen. Der Manager war lediglich das Instrument, durch das Ihre eigene negative Geistesverfassung bestätigt wurde. Das ist ein Beispiel für das Gesetz von Aktion und Reaktion. Die Aktion war Ihr Gedanke, und die Reaktion war die Antwort Ihres Unterbewusstseins.

Hindernisse und Hemmnisse auf dem Weg zum Reichtum

Sicherlich haben Sie schon einmal gehört, wie jemand sagte: »Der Kerl ist ein Schwindler.« »Er ist ein Halsabschneider.« »Er verdient sein Geld auf unehrliche Weise.« »Er ist ein Hochstapler.« »Ich kannte ihn schon, als er noch nichts besaß.« »Er ist ein Gauner, ein Dieb und ein Betrüger.«

Wenn wir den Menschen, der so redet, analysieren, stellen wir fest, dass er in der Regel in Not ist, es ihm finanziell schlecht geht oder er an einer körperlichen Krankheit leidet. Vielleicht sind seine früheren Studienfreunde auf der Erfolgsleiter aufgestiegen, während er zurückblieb. Jetzt ist er verbittert und neidisch auf den Erfolg der anderen. In vielen Fällen ist dies die Ursache für seinen Misserfolg. Wenn er negativ über seine Studienkollegen denkt und ihren Reichtum verurteilt, führt das dazu, dass der Reichtum und der Wohlstand, für die er betet, verschwinden und sich verflüchtigen. Er verurteilt das, wofür er betet.

Er betet auf zwei gegensätzliche Arten. Einerseits sagt er: »Der Reichtum fließt mir jetzt zu«, und im nächsten Atemzug sagt er, unhörbar oder hörbar: »Ich ärgere mich über den Reichtum dieses Menschen.« Legen Sie immer besonderen Wert darauf, sich über den Reichtum der anderen zu freuen.

Schützen Sie Ihre Investitionen

Wenn Sie in Bezug auf Ihre Investitionen nach Informationen suchen oder sich Sorgen um Ihre Aktien oder Anleihen machen, sagen Sie sich im Stillen: »Die unendliche Intelligenz steuert und überwacht alle meine finanziellen Transaktionen, und was immer ich tue, wird erfolgreich sein.« Wiederholen Sie dies häufig, und Sie werden feststellen, dass Ihre Investitionen sich klug gestalten; zudem werden Sie vor Verlusten geschützt, da Sie aufgefordert werden, Ihre Wertpapiere oder Beteiligungen zu verkaufen, bevor Ihnen ein Verlust entsteht.

Wir bekommen nichts umsonst

In großen Warenhäusern setzt die Geschäftsleitung Ladendetektive ein, um Diebstähle zu verhindern. Sie erwischen jeden Tag eine Reihe von Menschen, die versuchen, etwas umsonst zu bekommen. All diese Menschen leben in einer geistigen Atmosphäre des Mangels und der Begrenzung und rauben sich selbst Frieden, Harmonie, Glauben, Ehrlichkeit, Integrität, Wohlwollen und Vertrauen.

Sagen Sie sich im Stillen: »Die unendliche Intelligenz steuert und überwacht alle meine finanziellen Transaktionen, und was immer ich tue, wird erfolgreich sein.«

Darüber hinaus ziehen sie alle Arten von Verlusten auf sich, wie den Verlust von Charakter, Ansehen, sozialem Status und Seelenfrieden. Diesen Menschen fehlt der Glaube an die Quelle der Versorgung und das Verständnis dafür, wie ihr Geist funktioniert. Wenn sie mental auf die Macht ihres Unterbewusstseins zurückgreifen und beanspruchen würden, zu ihrer wahren Entfaltung geführt zu werden, fänden sie Arbeit und ein beständiges Auskommen. Dann würden sie durch Ehrlichkeit, Integrität und Beharrlichkeit sich selbst und der Gesellschaft im Allgemeinen alle Ehre machen.

9
Ihre beständige Versorgung mit Reichtum

Die Macht Ihres Unterbewusstseins und die schöpferische Kraft Ihrer Gedanken oder geistigen Bilder zu erkennen, ist der Weg zu Reichtum, Freiheit und beständiger Versorgung. Akzeptieren Sie das Leben in Fülle in Ihrem eigenen Geist. Ihre geistige Akzeptanz und Erwartung von Reichtum hat ihre eigenen Gesetze und Erscheinungsformen. Wenn Sie sich auf Überfluss einstimmen, werden alle Dinge eintreten, die für ein Leben in Fülle notwendig sind.

Akzeptieren Sie das Leben in Fülle in Ihrem eigenen Geist.

Lassen Sie dies Ihre tägliche Affirmation sein; schreiben Sie es in Ihr Herz ein: »Ich bin eins mit dem unendlichen Reichtum meines Unterbewusstseins. Es ist mein Recht, reich, glücklich und erfolgreich zu sein. Geld fließt mir frei, reichlich und unendlich zu. Ich bin mir immer meines wahren Wertes bewusst. Ich verteile meine Talente freizügig, und ich bin finanziell auf wundervolle Weise gesegnet. Es ist wunderbar!«

Hier entlang zum Reichtum

- Seien Sie mutig genug, das Recht auf Reichtum für sich in Anspruch zu nehmen, und Ihr tieferer Verstand wird Ihren Anspruch anerkennen.
- Sie wollen nicht nur genug Geld haben, um über die Runden zu kommen. Sie wollen so viel Geld, wie Sie brauchen, um all die Dinge zu tun, die Sie tun wollen, wann immer Sie sie tun wollen. Wenn das Geld in Ihrem Leben frei zirkuliert, sind Sie wirtschaftlich gesund.
- Seien Sie mutig genug, das Recht auf Reichtum für sich in Anspruch zu nehmen.
- Betrachten Sie Geld wie die Gezeiten, und Sie werden immer reichlich davon haben. Ebbe und Flut sind beständig. Wenn die Flut vorbei ist, wissen Sie genau, dass sie wiederkommt.
- Wenn Sie die Gesetze Ihres Unterbewusstseins kennen, werden Sie immer versorgt sein, egal welche Form das Geld annimmt.
- Viele Menschen kommen nicht über die Runden und haben nie genug Geld, weil sie Geld verurteilen. Was Sie verurteilen, bekommt Flügel und fliegt davon.
- Machen Sie das Geld nicht zu einem Götzen. Es ist nur ein Symbol. Denken Sie daran, dass der wahre Reich-

tum in Ihrem Geist liegt. Sie sind hier, um ein ausgeglichenes Leben zu führen. Dazu gehört auch, dass Sie so viel Geld bekommen, wie Sie brauchen.

- Machen Sie Geld nicht zu Ihrem einzigen Ziel. Erheben Sie Anspruch auf Reichtum, Glück, Frieden, Selbstverwirklichung und Liebe und strahlen Sie selbst Liebe und Wohlwollen auf alle Menschen aus. Dann wird Ihr Unterbewusstsein Ihnen in all diesen Ausdrucksformen Zinseszinsen zahlen.
- Armut ist keine Tugend. Sie ähnelt eher einer Krankheit, die einer negativen Geisteshaltung entspringt. Sie sollten sich sofort von diesem geistigen Konflikt und dem damit verbundenen Leiden befreien.
- Sie sind nicht hier, um in einer Hütte zu leben, sich in Lumpen zu kleiden oder zu hungern. Sie sind hier, um ein Leben in Fülle zu führen.
- Sagen Sie niemals Dinge wie »schnöder Mammon« oder »Ich verachte Geld«. Sie verlieren, was Sie kritisieren. Es gibt nichts Gutes oder Schlechtes; es kommt nur darauf an, in welchem Licht Sie es betrachten.
- Wiederholen Sie häufig: »Ich mag Geld. Ich verwende es weise, konstruktiv und umsichtig. Ich gebe es mit Freude aus, und es kommt tausendfach zurück.«

Wenn Sie sich auf Überfluss einstimmen, werden alle Dinge eintreten, die für ein Leben in Fülle notwendig sind.

- Geld ist genauso wenig schlecht oder böse wie die Bodenschätze Kupfer, Blei, Zinn oder Eisen. Alles Böse ist auf Unwissenheit und den falschen Gebrauch der Kräfte des Geistes zurückzuführen.
- Wenn Sie sich das Endergebnis im Kopf bildlich vorstellen, reagiert Ihr Unterbewusstsein und verwirklicht Ihr geistiges Bild.
- Versuchen Sie nicht, etwas umsonst zu bekommen. Nichts auf der Welt ist umsonst. Sie müssen geben, um zu empfangen. Sie müssen Ihren Zielen, Idealen und Unternehmungen Ihre geistige Aufmerksamkeit schenken, und Ihr tieferer Verstand wird Sie dabei unterstützen. Der Schlüssel zum Reichtum ist die Anwendung der Gesetze des Unterbewusstseins, indem Sie es mit der Idee von Reichtum erfüllen.

»Ich bin eins mit dem unendlichen Reichtum meines Unterbewusstseins. Es ist mein Recht, reich, glücklich und erfolgreich zu sein.«

Über den Autor

Dr. Joseph Murphy (1898–1981) war ein führender Vertreter der Neugeist-Bewegung, die im späten 19. und frühen 20. Jahrhundert von Philosophen und tiefen Denkern entwickelt wurde, welche eine neue Sichtweise auf das Leben und die Verwirklichung von Wünschen vertraten und praktizierten. Murphy, der als eine der Hauptfiguren der Human-Potential-Bewegung gilt, wird als geistiger Vater von Schriftstellern wie Napoleon Hill, Dale Carnegie und Emmet Fox angesehen und hatte direkten Einfluss auf Autoren zeitgenössischer Motivationsbücher wie Tony Robbins und Louise Hay.

Murphy wurde in der Tradition der Jesuiten erzogen, interessierte sich aber zunehmend für neue Erfahrungen durch die Macht des Gebets; schließlich wandte er sich in seinen Studien verschiedenen asiatischen Religionen und den östlichen Philosophien zu. Er ging nach Indien, um alle großen Religionen von ihren Anfängen an gründlich zu studieren, und weitete diese Studien auf die großen Philosophen von der Antike bis zur Gegenwart aus.

Murphy schrieb mehr als dreißig Bücher, von denen das berühmteste, *Die Macht Ihres Unterbewusstseins,* erstmals 1963 veröffentlicht wurde und sich zu einem internationalen Bestseller entwickelte, mit weltweit mehreren Millionen verkauften Exemplaren. Mitte der 1940er-Jahre zog er nach Los Angeles, wo er Pfarrer der Los Angeles Divine Science Church wurde, die er zu einer der größten Neugeist-Gemeinden des Landes ausbaute.